AF322020

Extrait de la Revue Encyclopédique (*T. XXXVII.* 109ᵉ *Cah.*)
Dixième année. — Seconde série. — Janvier 1828 (1).

COLLECTION

DES

CHRONIQUES NATIONALES FRANÇAISES,

ÉCRITES EN LANGUE VULGAIRE DU TREIZIÈME AU SEIZIÈME SIÈCLE, AVEC *NOTES* ET *ÉCLAIRCISSEMENS;*

PAR *J. A.* BUCHON (2).

SECOND ARTICLE.

(Voy. *Rev. Enc.*, t. xxiii, pag. 74.)

Les sciences qui ont pour but de rendre les peuples heureux et vertueux, et que l'on désigne par le nom de *Sciences politiques et morales*, demandent, tout autant que les sciences physiques, à être éclairées par l'expérience. On ne connaîtra bien quels sont les effets des mœurs sur le bonheur, quels sont les effets de la liberté sur les lois, qu'en voyant agir les nations, qu'en répétant, en combinant les observations sur elles. C'est,

---

(1) On souscrit, pour ce Recueil, dont il paraît un cahier de plus de quatorze feuilles d'impression tous les mois, au BUREAU CENTRAL D'ABONNEMENT, *rue d'Enfer-Saint-Michel, nᵒ 18.* Chaque cahier se compose de quatre sections :

I. *Notices et Mémoires* sur des objets d'un intérêt général ;

II. *Analyses* d'ouvrages choisis, 1ᵒ *Sciences physiques;* 2ᵒ *Sciences morales et politiques;* 3ᵒ *Littérature et Beaux-Arts;*

III. *Annonces bibliographiques* d'ouvrages nouveaux, classés par pays, et dans chaque pays, par sciences ;

IV. *Nouvelles scientifiques et littéraires.*

(2) Paris, 1826-1827 ; Verdière, quai des Augustins, nᵒ 25. La collection entière formera 30 vol. in-8ᵒ, dont le prix est fixé à 6 fr. chacun.

de toutes les études, la plus importante pour l'homme, car les deux buts de son existence, le perfectionnement et le bonheur, en dépendent ; mais les expériences qui doivent éclairer et diriger cette étude ne peuvent point se faire à volonté, comme celles qui ont la nature physique pour objet : on ne peut point les faire l'une après l'autre et isolément ; on ne peut point essayer tour à tour quels seront les effets produits par une cause déterminée, d'abord en soumettant un peuple à sa seule influence, ensuite en l'y soustrayant absolument ; car on n'a pas le droit de tenter sur la société humaine des expériences, dans la seule vue de l'avancement des sciences. Pour oser tenter un essai sur un peuple, il faut avoir la ferme confiance que cet essai sera avantageux à ce peuple lui-même. Aussi, les sciences politiques et morales ne font-elles des progrès qu'en raison de l'observation de ce qui se passe, indépendamment de l'observateur, et jamais de l'observation de ce qu'il a tenté pour s'éclairer. Le résultat de ces expériences accidentelles est beaucoup moins positif : il peut presque toujours être contesté, il est toujours modifié par un grand nombre de causes agissant simultanément ; il laisse place à de nombreuses erreurs ; mais, tout imparfait qu'il est, c'est encore la seule source, accessible à l'homme, des vérités qu'il lui importe le plus de connaître. L'histoire n'est autre chose que le recueil de toutes les expériences qui doivent éclairer les sciences politiques et morales. Entre ces expériences, l'histoire nationale comprend celles qui doivent être le plus instructives pour nous, puisqu'elles ont été faites dans les circonstances les plus analogues aux nôtres, sous le même ciel, sur un même sol, avec des hommes de même race. L'histoire nationale est donc le moyen le plus propre à éclairer l'homme sur ce qui lui importe le plus, sur la route qui peut le conduire, avec ses semblables, à être heureux et vertueux.

Toutefois, il y a peu d'attrait pour l'homme dans l'étude de ce qui serait avantageux à la race humaine ou à sa nation, s'il a le sentiment qu'après avoir connu la vérité, il ne dépendra jamais de lui de la mettre en pratique ; que lui-même et tous ses pareils n'ont aucune influence sur la destinée des peuples, et que ceux qui en sont les maîtres ne se proposent point leur avantage pour but. Il préfère alors fermer les yeux, plutôt que de les tenir ouverts, pour se voir conduire au précipice. Aussi, les peuples qui ne sont pas libres, et qui n'ont aucune espérance de le devenir, n'ont jamais un goût vrai pour l'histoire : les uns ne gardent pas même le souvenir des choses passées, comme les Turcs et les Autrichiens; les autres, comme les Arabes ou les Espagnols, n'y cherchent qu'une vaine nourriture pour l'imagination, des combats merveilleux, des fêtes somptueuses, des aventures surprenantes; d'autres enfin, et c'est le plus grand nombre, au lieu d'une histoire populaire, n'ont qu'une histoire royale. C'est pour les rois, et non pour les peuples, que les érudits ont travaillé; c'est pour eux qu'ils ont recueilli tout ce qui pouvait flatter leur orgueil; ils leur ont asservi le passé, parce que leur domination sur le présent ne leur suffisait point encore; ils ont fait à la splendeur de leur race un sacrifice volontaire de la vérité. Combien de souverains, tout récemment encore, auraient regardé comme un outrage de mettre au grand jour les fautes et les crimes de leurs ancêtres, pour expliquer leurs malheurs !

Jusqu'à nos jours, l'histoire de France n'a guère été traitée que de cette manière. Des hommes d'une vaste érudition en ont fait l'étude de leur vie, des corps savans ont entrepris d'immenses travaux pour l'éclairer; tous également laissent percer, avec une naïveté qui nous surprend aujourd'hui, le sentiment que leur tâche n'est point d'arriver à la vérité, mais à la plus grande gloire des rois.

Désormais, l'opinion a succédé à la souveraineté du monde : ce n'est pas une des moindres manifestations de sa puissance, et de la conscience que le public a de sa force, que l'encouragement donné par celui-ci à la publication de tous les monumens de l'histoire nationale. La voix du peuple semble dire : « Ce sont mes affaires, désormais je veux les savoir; les comptes qu'on devra me rendre peuvent être tristes, peuvent être humilians, n'importe; je veux tout éclaircir. Si l'honneur des administrateurs infidèles qui s'étaient chargés de mes affaires doit en souffrir, leur punition sera méritée ; elle sera proportionnée à l'offense. Si mon honneur même a été compromis, je me sens la force de le réparer, et la sagesse de tirer instruction de mes fautes passées. Ce qu'il me faut, c'est la vérité, cette vérité qu'autrefois on ne m'avait jamais dite. »

Aujourd'hui, en effet, de toutes parts, la vérité jaillit sur l'histoire de France. Quatre collections qui ont paru simultanément, celle de M. Guizot pour les tems antérieurs au treizième siècle; celle de M. Buchon pour les 13me, 14me et 15me; celle de M. Foucault pour les mémoires qui, depuis le 15me, atteignent jusqu'au 18me; et celle de MM. Berville et Barrière, pour les tems de la révolution, comprennent presque tous les historiens originaux de la France. Leur publication a été suivie avec tant de régularité, avec tant d'activité que toutes ces grandes entreprises approchent de leur terme. Dans moins de deux ans, il n'y aura point de citoyen français, jouissant d'une fortune aisée, qui ne puisse posséder la collection entière des historiens originaux de son pays ; tandis que dix-huit volumes ont été publiés avec peine, en quatre-vingt-quatre années, de la grande collection in-folio des historiens des Gaules et de la France, qui avait été entreprise par l'autorité royale; et que cette collection, avançant à pas de tortue, n'a pas encore atteint le règne de Saint-Louis; elle ne peut se trouver que dans les plus grandes bibliothèques, et elle semble ajourner à deux ou trois siècles la connaissance de l'histoire de France, tout en la tenant en réserve, même à cette époque, pour un petit nombre d'érudits.

Les Français ne doivent jamais oublier que l'histoire de leur pays, ce sont leurs affaires : ils doivent les connaître; ils doivent le vouloir. Durant les quatorze siècles qu'a duré la monarchie, les révolutions se sont succédé avec une telle rapidité, le principe même du gouvernement a été si fréquemment changé, les droits ont fait place avec une si étrange mobilité à des droits tout contraires, qu'on dirait que l'on a voulu éprouver sur la France toutes les formes possibles de gouvernement, à la réserve toutefois de celles qui seroient raisonnables. Il ne faut pas croire qu'il y ait eu seulement une féodalité; il y en a eu quatre ou cinq, qui sont nées et mortes successivement. Le despotisme pur a, de même, tour à tour, existé, succombé, sous les attaques de l'aristocratie, pour se relever, puis succomber et se relever encore. On a vu la France soumise plus d'une fois au gouvernement des prêtres, à celui des valets, à celui des maîtresses, à celui des princes du sang; on l'a vue trente ans gouvernée par un roi reconnu pour fou ; on l'a vue cent soixante-dix ans, à dater de l'an 1000 seulement, gouvernée par des rois âgés de moins de vingt-cinq ans, et auxquels on n'aurait jamais songé à confier la tutelle d'une famille privée. Certes, c'est bien le moins que tant de dures expériences profitent à la postérité du peuple français, qu'il sache les résultats divers de chaque diverse tyrannie; et, s'il ne peut pas retrouver dans l'expérience de ses pères ce qu'il doit imiter, qu'il apprenne du moins ce qu'il doit fuir.

Mais, si nous exhortons vivement tous ceux qui disposent de quelque fortune, de quelque loisir, à se procurer les collections des historiens originaux de leur patrie, pour les consulter au besoin, pour y trouver réunis les titres, en quelque sorte, de leurs droits, et recourir aisément à eux, lorsque quelque controverse entre des historiens modernes excite leurs doutes, nous les tromperions si nous leur promettions de l'amusement dans une lecture suivie de ces chroniqueurs; car eux aussi ont été entachés de tous les vices que les tyrannies successives ont engendrés successivement parmi le peuple; leur sentiment moral est presque toujours dépravé, leur raison est faussée par des préjugés funestes, leur véracité est souvent douteuse, et leur goût est tellement vicié par la barbarie, l'ignorance et la pédanterie, qu'encore que l'on s'amuse un moment de leur naïveté, lorsqu'ils mettent au grand jour les défauts auxquels ils doivent une sorte d'originalité, on se fatigue bientôt de se trouver en si mauvaise compagnie, et une lecture prolongée, même des plus célèbres d'entre eux, produit enfin une fatigue mortelle.

Qu'on ne se fasse point illusion sur le mérite de ces anciens écrivains, en les jugeant d'après l'intérêt soutenu qu'un homme doué d'un rare talent, M. *Augustin* Thierry, a su répandre sur les tableaux historiques qu'il leur a empruntés. Ceux qui suivent ses traces, ceux qui dépouillent après lui les chroniques où il a puisé, doivent, au contraire, être frappés de cette puissance d'une belle âme pour ranimer une cendre morte. Lorsqu'il tire de ces historiens si secs, si haineux, si satisfaits d'avoir à raconter les supplices des bourgeois, une histoire touchante et héroïque de la lutte des communes contre leurs oppresseurs, pour obtenir leur affranchissement, c'est Prométhée empruntant au ciel un feu divin pour rendre la vie à un corps de boue. Cet homme généreux, doué d'une sensibilité profonde, et que son cœur appelle toujours vers les opprimés et les vaincus, démêle, dans le récit de leurs oppresseurs, tous les traits épars qui peuvent former le portrait des victimes. Ces magistrats populaires, ces héroïques citoyens qui, pour conquérir les libertés des communes, eurent à lutter à la fois contre la force et la fraude des rois, des seigneurs et des prélats, ne nous étaient connus que par les calomnies auxquelles ils furent en butte. M. Thierry leur rend, avec leur physionomie véritable, les sentimens populaires de leur époque : il les fait revivre avec l'énergie, la patience, la constance dont ils eurent besoin, pour soutenir si long-tems, avec des forces si inégales, une lutte dans laquelle ils devaient enfin succomber. Tout est vrai dans ce que M. Thierry nous a révélé sur les communes ; mais il fallait la double puissance de l'esprit et de l'âme pour faire jaillir cette vérité du milieu des débris sous lesquels elle était ensevelie (1).

Que les lecteurs des *Chroniques nationales* ne se flattent point d'y trouver ce qu'ils ont trouvé dans M. Thierry. Outre que, sans leur faire injure, on peut croire qu'ils n'apporteront pas

---

(1) *Lettres sur l'Histoire de France, pour servir d'introduction à l'étude de cette histoire*, par *Augustin* Thierry. Paris, 1827 ; Sautelet et comp.; prix, 7 fr. 50 c. Voyez surtout *les onze dernières lettres*; p. 210 et suiv.

à l'étude de l'histoire les mêmes facultés que lui, l'époque soumise à leur considération, dans les 13me, 14me et 15me siècles, n'est plus riche du même héroïsme. Muratori avait donné pour devise à ses antiquités du moyen âge le chaos avec ces mots : *Incaluere animi.* Mais, en France, après le règne de saint Louis, le despotisme et la superstition glacèrent de nouveau les âmes : quelques études, quelques branches d'industrie firent encore, il est vrai, des progrès ; mais quant à tous les sentimens vertueux, l'espèce humaine recula.

Nous avons précédemment rendu compte de la belle entreprise de M. Buchon, qui, depuis le commencement de l'année 1824, publie la collection des *Chroniques nationales françaises écrites en langue vulgaire du 13me au 16me siècle.* Nous avons cherché à faire apprécier le mérite de l'édition de Froissart, en quinze volumes, par laquelle il a débuté (1). Cette édition est infiniment supérieure à toutes celles qu'on avait auparavant, soit par la correction du texte, soit par la rectification des noms propres, soit par la restauration d'un grand nombre de fragmens omis par les autres éditeurs. Nous avons aussi annoncé dans le tems les livraisons nouvelles contenant la *Chronique de Morée*, celle de *Raymond Muntaner*, celle de *Chatelain* ; l'éditeur, apportant à toutes la même diligence, les a accompagnées de Notes, d'Éclaircissemens, de rectifications dues à la comparaison des manuscrits originaux entre eux. M. Buchon, poursuivant ses travaux avec un zèle infatigable, a complété, au mois de janvier de cette année, son édition de *Monstrelet,* aussi en quinze volumes, et nous nous croyons appelés à consacrer un article à ce chroniqueur français, le second en célébrité et en importance après Froissart, pour que ceux qui désirent réunir les monumens de l'histoire nationale aient d'avance au moins une idée de ce qu'ils trouveront dans cet historien si volumineux, si renommé, et cependant si peu connu.

Enguerrand de Monstrelet était un gentilhomme de Picardie, né entre les années 1390 et 1395 ; il occupa divers emplois

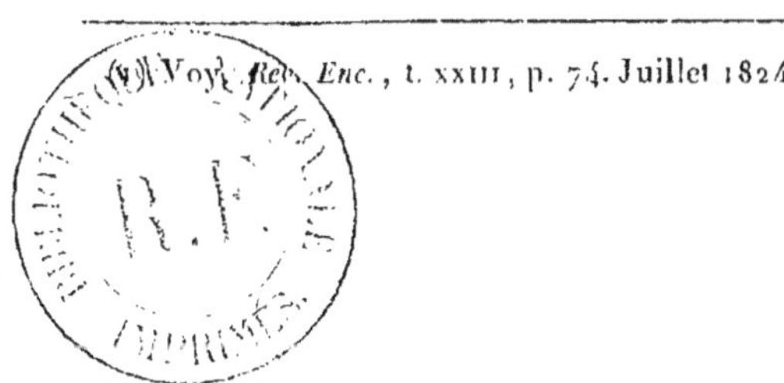

(1) Voy. *Rev. Enc.*, t. XXIII, p. 74. Juillet 1824.

civils dans la ville de Cambray, et il passa la plus grande partie de sa vie, ou dans cette ville, ou dans celle d'Amiens. Il ne paraît pas qu'il ait été jamais présent aux événemens qu'il raconte, ni qu'il ait joué aucun rôle politique ; il ne parle que sur l'autorité d'autrui. Dans les anciennes éditions de Monstrelet, entre autres dans celle de Pierre L'huilier, Paris, 1572, in-folio, que nous avons sous les yeux, la chronique de Monstrelet, divisée en trois *volumes*, s'étend de l'an 1400 à l'an 1467, et elle est suivie d'un supplément qui continue l'histoire jusqu'en 1516. M. Buchon donne la preuve que Monstrelet mourut au mois de juillet 1453, et que tout le troisième livre, ou *volume* qui porte son nom, de 1444 à 1467, n'est pas de lui. Il a donc cru devoir publier d'abord la vraie chronique de Monstrelet, de 1400 à 1444 ; elle est comprise dans les six premiers volumes, et la moitié du septième de son édition, et ensuite les chroniques originales auxquelles les anciens éditeurs avaient emprunté des fragmens qu'ils donnaient comme étant l'ouvrage de Monstrelet. D'après ce plan, le reste de son septième et son huitième volume contiennent la *Chronique de Le Févre Saint-Remy*, écrivain contemporain, roi d'armes de la toison d'or, qui donne l'histoire de l'an 1407 à l'an 1435. Le neuvième volume contient la chronique et les pièces originales du procès de la pucelle d'Orléans ; les tomes x et xi contiennent la *Chronique de Mathieu de Coucy*, le vrai continuateur de Monstrelet, qui comprend les années 1444 à 1461 ; les tomes xii, xiii, xiv, et la moitié du quinzième, contiennent les *Mémoires de Jacques du Clercq*, de l'an 1448 à l'an 1467 ; le reste du quinzième tome contient les *Mémoires d'un bourgeois de Paris*, de l'an 1409 à l'an 1445.

Monstrelet a écrit l'histoire d'une des périodes les plus honteuses et les plus calamiteuses par lesquelles ait passé aucune nation. Pendant les vingt-deux premières années qu'embrasse sa chronique, le souverain, Charles VI, était fou ; pendant les vingt-deux suivantes, Charles VII, son fils, portait le titre de roi : mais sa volonté ne dirigea jamais les événemens. C'était un homme d'une pusillanimité, d'une nonchalance,

d'une incapacité dégoûtantes. Il laissait tout faire au domesti-
que, au favori, qui se trouvait le plus près de lui ; mais, lorsque le joug de ce mignon devenait trop fâcheux pour les princes
ou pour la cour, l'usage s'était établi en quelque sorte de le
tuer ; ainsi le sire de Gias fut assassiné, en 1426 ; le Camus de
Beaulieu, en 1427 ; et George de La Trémoille, en 1433. Le
dernier, il est vrai, ne mourut point du coup d'épée qu'il avait
reçu ; mais les conjurés le retinrent ensuite en prison. Quant à
Charles VII, pourvu qu'on lui présentât aussitôt un autre favori,
il ne témoignait, en général, ni colère pour cette petite con-
trariété, ni regret pour l'ami qu'on lui avait tué, ni répugnance
pour celui qu'on lui donnait à la place.

Dès le commencement de cette période, l'ancienne aristocratie avait en quelque sorte disparu, et le système féodal avait
perdu toute sa force. Les familles des six anciens pairs du
royaume s'étaient éteintes ; les familles de presque tous les
grands feudataires, qui relevaient d'eux immédiatement, s'é-
taient éteintes aussi ; on ne trouvait plus dans les provinces que
la noblesse du troisième rang, celle qui avait relevé des comtes
qui relevaient eux-mêmes des pairs. Cette noblesse même ne
vivait plus dans ses châteaux, parce qu'elle n'y trouvait plus
d'indépendance ; ses anciennes forteresses ne suffisaient plus à
la défendre ; elle ne protégeait plus ses paysans, elle ne les
trouvait plus prêts à s'armer pour elle. Toutefois, quoiqu'elle
eût cessé de régner, elle tyrannisait toujours ; prodigue et fas-
tueuse par-delà ses moyens, elle arrachait à ses serfs et à ses
vassaux, par des exactions cruelles, l'or qu'elle venait dépenser
ensuite à la cour, dans les fêtes et les tournois.

Le clergé se trouvait dépossédé de son autorité, aussi bien
que la noblesse. Le long schisme d'Occident avait mis l'Église
dans la dépendance du pouvoir séculier. Les anti-papes, pour
obtenir la protection des rois, leur avaient laissé distribuer les
évêchés, comme des faveurs de cour ; et avant de les conférer,
les rois les avaient dépouillés d'une partie de leurs richesses,
et d'une partie plus grande encore, de la considération des
peuples. Dans l'affaire même du schisme, le clergé ne montra ja-

mais une volonté qui lui fût propre; il suivit l'impulsion qui lui fut donnée par le monarque ou les princes du sang, tantôt pour le pape d'Avignon, tantôt pour la soustraction d'obéissance, tantôt pour le concile; il fut un instrument dans la main des autres, il ne fut pas une puissance.

Les parlemens avaient régularisé leur organisation, mais ils n'avaient point encore senti la dignité de leur position; ils ne s'étaient élevés à aucune idée de garantie ou de liberté pour le peuple; sur l'ordre des maîtres, ils frappaient des victimes avec la hache de la justice, sans pitié, sans remords, sans autre règle que le désir de complaire aux puissans du jour. Les États-Généraux furent assemblés à plusieurs reprises pendant ce demi-siècle; mais, depuis les supplices qui suivirent la victoire de Rosebecque sur les communes de Flandre, ils avaient désespéré de la liberté; ils ne réclamaient plus de droits ou de garanties pour le peuple, ils accordaient tout ce qu'on leur demandait, et ils n'avaient jamais plus grande hâte que de se séparer.

Le pouvoir, que n'exerçaient plus un roi fou ou imbécille, une noblesse dont les grandes familles s'étaient éteintes, un clergé décrié, des parlemens sans indépendance, ou des États sans espoir de liberté, avait été recueilli tout entier par les princes du sang, qu'on appelait quelquefois les royaux de France. Les princes du sang avaient été investis des anciennes pairies et de la plupart des grands fiefs. Ils étaient ducs d'Anjou, de Berry, de Bourgogne, d'Orléans, de Bourbon, de Bretagne, de Bar, comtes de Flandre, d'Alençon, de la Marche, de Clermont. Mais, parce qu'ils portaient des titres féodaux, il ne faut pas les confondre avec l'ancienne noblesse féodale. Leur pouvoir venait tout entier de la couronne; il n'avait point de racines dans l'amour des peuples, dans leur confiance héréditaire, dans leur communauté d'intérêt. Les provinces qui leur étaient données en apanage, n'étaient que des fermes, où ils s'efforçaient de s'enrichir, ne songeant qu'au présent, sans sympathie avec le pauvre, sans souvenir du passé, sans espoir de l'avenir.

Les apanages donnaient de l'argent aux princes du sang ; avec cet argent ils s'attachèrent de nombreuses créatures, et leurs satellites devinrent une puissance. Avec leur aide ils s'emparaient de vive force du trésor public qu'ils pillaient, ou se partageaient entre eux ; ils s'attaquaient, se chassaient tour à tour du palais, et leurs basses querelles devinrent enfin des guerres civiles, sans qu'aucun sentiment généreux excusât jamais leurs prises d'armes répétées. A aucune époque, en effet, on n'avait vu une famille frappée dans tous ses membres d'une telle incapacité pour les affaires publiques, une famille où, entre douze ou quinze princes, il n'y en avait pas un seul qui brillât par des talens, par des vertus, par un caractère élevé. Parmi les oncles de Charles VI, le duc d'Anjou, après avoir pillé le trésor du roi avec une scandaleuse impudence, était allé mourir dans le royaume de Naples qu'il voulait conquérir ; le duc de Berry, gouverné par des valets et de lâches favoris, ne répugnait à aucune cruauté, à aucune criante injustice, pour arracher de l'argent au peuple : le duc Philippe de Bourgogne attachait tout son honneur à des prodigalités extravagantes ; le duc d'Orléans, frère du roi, unissait la débauche à la rapacité et à un faste insensé : le duc Jean de Bourgogne, féroce et perfide à la fois, avait tour à tour dirigé les assassins qui tuèrent son cousin, et les insurgés de la populace parisienne qui inondèrent la ville de sang. Les ducs de Bourbon, de Bretagne, de Bar, les comtes d'Alençon, de Clermont, de Penthièvre, ne valaient pas mieux. Ce fut cette nouvelle aristocratie qui gouverna la France pendant la démence de Charles VI : elle se regardait comme maîtresse absolue du royaume, et elle s'étonnait de l'insolence de ceux qui osaient lui demander compte de ses actions. Ainsi, par exemple, lorsqu'en 1414 les deux factions entre lesquelles la famille royale était divisée firent la paix, « Ceux de Paris, dit Monstrelet, oyant les nouvelles du traité fait par le roi et ses princes au duc de Bourgogne, sans les convoquer ni appeler, de ce non contens, vinrent devers le duc de Berry, leur capitaine et gouverneur, demander comment icelle paix avoit été faite, et qui avoit mu le roi et son

conseil de ce faire, sans les appeler, disant qu'à eux apparte-
noit de le savoir, et convenoit qu'en icelle fussent appelés et
compris, lequel duc de Berry leur répondit : Ce ne vous touche
en rien, ni entremettre ne vous devez de votre sire le roi, ni
de nous, qui sommes de son sang et lignage; car nous nous
courrouçons l'un à l'autre quand il nous plaît, et quand
il nous plaît la paix est faite et accordée; et adonc ceux de
Paris, sans rien répondre, retournèrent en leurs propres
lieux. (1). »

Il semble cependant que ceux de Paris, ou plutôt que les
gentilshommes Armagnacs, alors maîtres de Paris, pouvaient
répondre que la paix ou la guerre avec la populace attachée
aux Bourguignons les touchait en quelque chose, et qu'on est
excusable de s'informer des affaires d'État, quand à leur occasion on est sans cesse exposé à avoir la tête tranchée. Or,
jamais guerres civiles ne furent signalées par de plus effroyables
exécutions que celles entre les *royaux* de France. Malheureu-
sement, Charles VI n'était pas toujours fou; et, dès qu'il reve-
nait dans ce qu'on nommait son bon sens, c'est-à-dire, dès
qu'il ne faisait ou ne disait plus de grosses extravagances, on
le regardait comme investi de la plénitude de l'autorité royale.
Cependant, sa raison était tellement affaiblie qu'il était toujours
de l'avis du dernier qui lui parlait, et qu'après avoir sanctionné
les mesures de la plus effroyable tyrannie, exercée par les
Armagnacs, si les Bourguignons pouvaient surprendre son palais, et s'approcher un moment de sa personne, il se retour-
nait de leur côté, il signait leurs décrets de proscription, et il
se montrait non moins actif, non moins passionné qu'eux,
pour faire périr dans les supplices ceux avec qui la veille il
avait été associé.

Aucune limite n'était apportée à ces sanguinaires caprices ;
ceux-là même qui rallumaient sans cesse la guerre civile ne recon-
naissaient le droit de résistance nulle part. Il n'y avait donc, en
effet, plus de droit ; car tout droit implique résistance à qui veut

---

(1) T. III, p. 254.

l'enfreindre. En même tems que l'autorité était tombée en démence, elle était devenue despotique, et chaque fantaisie du brigand de sang royal, qui se trouvait maître momentanément de la personne de Charles, était considérée comme une loi, dès qu'elle était sanctionnée par la parole d'un fou. Les tribunaux, quand on daignait les consulter, n'hésitaient jamais à condamner et à envoyer au supplice les vaincus, quel que fût le parti qui eût succombé, quelle qu'eût été leur conduite. Il est vrai que le plus souvent on se dispensait de toute forme judiciaire; chaque prince ou chaque capitaine commissionné par un prince, dès qu'il trouvait un bourreau, se tenait suffisamment autorisé à faire couper des têtes, et faire ensuite pendre les corps par les aisselles. L'horreur de ces exécutions se répétait après la prise de chaque cité, de chaque château, souvent après chaque escarmouche.

C'est cet effroyable état de la société que Monstrelet était appelé à peindre. Il l'a fait, il faut bien le dire, de la manière la plus pitoyable. Nous sommes réduits à emprunter souvent à Monstrelet des faits qu'on ne trouve que chez lui ; une bibliothèque historique où il manquerait serait bien incomplète, Mais que les lecteurs en l'abordant s'arment de patience; qu'ils rassemblent tous les pouvoirs de leur attention, et ils seront plus heureux que nous ne l'avons été, si, après des efforts inouis pour demeurer éveillés, ils se rappellent, à la fin d'un chapitre, ce qu'ils ont lu à son commencement. Ce n'est pas seulement la platitude et la pesanteur de son style qui rendent Monstrelet fatigant; c'est plus encore l'absence de toute idée politique et de toute idée morale. Comme ce qu'il raconte ne lui inspire à lui-même aucun sentiment, il ne sait pas distinguer les faits qui ont de l'importance d'avec ceux qui n'en ont point. Tous lui apparaissent sur la même ligne, et c'est au hasard qu'il rapporte les uns dans tous leurs détails, et qu'il omet les autres *pour cause de brièveté.* Personne moins que lui ne devrait parler de brièveté; sa prolixité est, au contraire, assommante ; qu'on en juge par le bon mot qu'il raconte, tom. IV, pag. 411. Nous le rapportons d'autant plus que c'est une rareté dans Monstrelet qu'une plaisanterie. Il n'était pas gai, et son siècle n'était pas gai non plus.

Après avoir raconté la mort de Henri V, roi d'Angleterre et de France, survenue le 31 août 1422, et la pompe de ses obsèques, il ajoute : « Durant lequel tems y eut un noble chevalier de Picardie, qui dit à son poursuivant une joyeuseté, par manière de gaberie, touchant la mort du roi d'Angleterre. Ce fut messire Sarrasin d'Arly, oncle du vidame d'Amiens, lequel pouvoit lors bien avoir soixante ans d'âge; et demeuroit en un sien châtel qu'il avoit de par sa femme, sœur au seigneur d'Ossemont, nommé Acheu, assez près de Pas en Artois, et là étoit tout malade de goutte : néanmoins, volontiers s'enquéroit et oyoit raconter des nouvelles. Or retourna en ces jours sondit poursuivant, nommé Haurenas, qu'il avoit envoyé dehors; et étoit environ de l'âge de son maître, et l'avoit long-tems servi. Et après sa venue, l'examina ledit messire Sarrasin, et lui demanda s'il savoit rien de la mort du roi d'Angleterre. Il dit qu'oui, et qu'il l'avoit vu à Abbeville, en l'église de Saint-Offren, et lui raconta tout l'état, et comment il étoit habillé, aussi pareillement qu'il est déclaré en ce présent article. Et adonc messire Sarrasin lui demanda, par sa foi, s'il l'avoit bien avisé, et il répondit qu'oui. — Or me dis par ton serment, s'il n'avoit point ses housseaux chaussés. — Ah ! monseigneur, dit-il, nenni, par ma foi. — Lors, lui dit messire Sarrasin : Haurenas, beau ami, jamais ne me crois, s'il ne les a laissés en France. A ce mot, tous ceux qui étoient présens commencèrent à rire, et puis parlèrent d'autres matières (1). »

Souvent Monstrelet se contente de copier, ou plutôt de délayer quelque autre chronique; aussi, en le comparant avec le Févre Saint-Remy, que M. Buchon a reproduit dans ses septième et huitième volumes, on retrouve souvent le même ordre d'événemens, les mêmes circonstances, le même tour de phrase, et l'on ne peut douter que Monstrelet n'eût en écrivant

---

(1) Pour exprimer qu'un homme était mort quelque part, on disait proverbialement, qu'il y avait laissé ses housseaux (ses guêtres.)

la chronique de le Févre sous les yeux ; mais il y ajoute souvent
des particularités essentielles. De plus, il a soin de donner à l'ap-
pui de son récit les pièces officielles que chaque parti publiait à
chaque occasion. Il recourt pour cela ordinairement aux archives
de la ville d'Amiens, qui paraissent lui avoir été habituellement
ouvertes. Le quinzième siècle avait pris un caractère bavard et
pédant qu'on ne trouvait point dans les précédens. Apparem-
ment, les progrès du savoir, de la philosophie, de l'éloquence,
en Italie et même en Allemagne, avaient inspiré aux Français
plus d'estime pour l'érudition, et leur faisaient faire de grands
efforts pour imiter leurs voisins. Quoiqu'on cherche vainement
où était à cette époque l'opinion publique et quelle pouvait
être son influence, on voit tous les princes prétendre à bien
dire, tandis que les peuples se taisaient. Tous employaient pour
plaider leur cause *de sages clercs dont les épîtres étaient pleines
de subtilité de sentences, et ornées d'éloquence de paroles*, selon
l'éloge que le roi de Hongrie adressait à l'Université de Paris ;
et ces clercs ne connaissant d'autre éloquence que celle de la
chaire, donnaient toujours la forme, la lenteur et l'emphase
d'un sermon à toutes les discussions politiques dont ils étaient
chargés.

M. DE BARANTE a reproduit en partie, dans son *Histoire des
ducs de Bourgogne*, le fameux sermon du cordelier Jean Petit
pour justifier l'assassinat du duc d'Orléans. Il l'avait tiré de
Monstrelet qui le donne en entier (1). C'est un modèle de l'éloquence du quinzième siècle, que ces textes de l'Écriture sainte
prodigués pour justifier un crime effroyable, que cette pédanterie scholastique, cet étalage de dialectique serrée pour dérai-
sonner, d'érudition empruntée à l'histoire de tout l'univers,
pour tout confondre, et montrer partout la même ignorance ;
enfin que « cette vérité prouvée par douze raisons, en l'honneur des douze apôtres, qu'il est licite à chacun sujet, sans
quelque mandement, selon les lois morale, naturelle et di-

______

(2) Tom. 1, pag. 241-324. BARANTE, t. III, pag. 109.

vine, d'occire ou faire occire traître déloyal et tyran; et non pas tant seulement licite, mais honorable et méritoire. »

Les circulaires adressées aux villes, et même les ordonnances des rois, ont dans ce siècle le même défaut que les sermons politiques. Partout on trouve la même prétention à l'éloquence, à l'érudition, à l'argumentation méthodique; partout le même soin d'arranger et d'accumuler des paroles, d'exagérer, mot qu'on prenait alors en bonne part, et partout le même manque de conscience et d'attention à la vérité, la même impossibilité de transmettre une idée nette, ou un sentiment profond.

Même, lorsque les écrivains du quinzième siècle ne veulent exprimer que des sentimens populaires, ils s'efforcent tellement d'être *bien disàns,* qu'ils en perdent toute vérité. Ainsi, lorsque Charles VI mourut, après quarante - deux ans de souffrances et de crimes ; après que ce malheureux roi, toujours ardent à punir pour le compte d'autrui, toujours emporté contre ceux des mains desquels on venait de l'ôter, avait signé tour à tour les proscriptions des Armagnacs et des Bourguignons, avait multiplié les supplices, et fait punir comme rebelles tous ceux qui l'avaient le plus loyalement servi, le bourgeois de Paris raconte, dans sa chronique, que : « le menu commun de Paris criait, quand on le portait parmi les rues : Ha, très-cher prince, jamais n'aurons si bon, jamais ne te verrons; maldite soit la mort; jamais n'aurons que guerre, puisque tu nous a laissés. Tu vas en repos, nous demeurons en toute tribulation et en toute douleur, car nous sommes bien taillés que nous ne soyons en la manière de la chétiveison (captivité) des enfans d'Israël, quand ils furent menés en Babylone. Ainsi disait le peuple, en faisant grand plaint, profonds soupirs et piteux (1). » Malgré le témoignage du bourgeois de Paris, je doute fort que ce fût dans cette occasion le langage du peuple. Ce qui nous paraît naïf aujourd'hui, seulement pour être écrit en vieux gaulois, était souvent fort affecté; le bourgeois anonyme dont la chronique, en général sans fard, est une des

____

(1) T. xv, p 324.

meilleures et des plus curieuses entre celles que M. Buchon a publiées, a cru devoir, à l'occasion de la mort du roi, faire ici de l'éloquence, et il a prêté au peuple un amour et des regrets que le peuple ne pouvait sentir.

On nous demandera peut-être ce que ces mêmes chroniques racontent de la femme de Charles VI, de cette Isabeau de Bavière, que le peuple, dit-on, nommait la *grande gaupe*, la grande fainéante. Les historiens du dix-huitième siècle admettent comme principe que l'ancienne constitution de la monarchie française, immuable pendant quatorze siècles, et sous soixante-cinq rois divers, était la meilleure garantie de la prospérité et de la gloire du nom français; quand ils rencontrent des tems dont ils ne peuvent déguiser toutes les calamités et toute la honte, ils en accusent en général quelque princesse étrangère, quelque Isabeau de Bavière, quelque Catherine de Médicis, à laquelle ils attribuent tous les forfaits et tous les malheurs, et qu'il aurait suffi d'écarter pour maintenir la France dans cet état de bonheur et de gloire qui faisait l'admiration et l'envie de tous ses voisins. Avec cette prévention, le lecteur est tout étonné de trouver que cette reine, qu'on lui a rendue si odieuse, a pris infiniment peu de part aux événemens; elle est rarement nommée dans Monstrelet et le Févre Saint-Remy, dans le religieux de Saint-Denys et Juvénal des Ursins; elle est presque toujours laissée à l'écart, au milieu de ces intrigues de cour, de ces trahisons, de ces cruautés, qui souillent tout le règne de son mari. Sa grande occupation était la toilette des dames de sa cour, qu'elle avait voulu rendre, non-point galante, mais imposante par le volume des habits, par la gêne à laquelle ils soumettaient tous les mouvemens, par la rigueur compassée d'une étiquette allemande. « Quelque guerre qu'il y eût, tempêtes et tribulations, ses dames et damoiselles menoient grand et excessif état, et cornes merveilleuses, hautes et larges, et avoient de chacun côté, en lieu de bourlets, deux grandes oreilles si larges, que quand elles vouloient passer l'huis d'une chambre, il falloit qu'elles se tournassent de côté, et baissassent, ou elles n'eussent pu passer. La chose déplaisoit fort à gens de bien (1). » Il paraît que ces énormes coiffures et ces bouffantes ne préservaient pas mieux que dans un tems plus rapproché la vertu des dames de la cour, et que, sur des soupçons, quelques-uns de leurs amans furent mis à la torture, puis cousus dans des sacs, et jetés à la rivière, avec un écriteau dessus, portant, *laissez passer la justice du roi.* Quant à la reine, elle n'était accessible qu'à deux passions, la gourmandise et l'avarice. Son embonpoint, proportionné à sa voracité, lui rendait tout mouvement difficile : d'ailleurs, aussi épaisse d'esprit que de corps, elle se dispensait d'assister au conseil, lors même qu'elle portait le titre de régente, parce qu'elle n'y aurait rien compris. Tout son plaisir était d'amasser de l'argent : quelquefois, elle le cachait chez des bourgeois obscurs, ou chez les moines de Saint-Denis; plus souvent, dans des recoins qu'elle faisait murer, du château de Melun qu'elle habitait de préférence. De leur côté, ses fils étaient à l'affût pour découvrir ses cachettes et les voler; ce fut la cause principale de son ressentiment contre le dernier dauphin, Charles VII, qu'elle voulut déshériter en faveur de sa fille.

Les modernes donnent à entendre qu'elle aima d'abord le duc d'Orléans; puis, le duc de Bourgogne, parce qu'elle montra beaucoup de chagrin et surtout d'effroi, lors de l'assassinat de l'un et de l'autre. Elle avait trente-sept ans, lors du premier événement, et quarante-neuf, lors du second; cet âge n'est peut-être point une garantie de la vertu d'une reine : mais les historiens contemporains n'élèvent pas de soupçons contre elle. Le frère Jacques le Grand, religieux augustin, s'acquit beaucoup de crédit par le courage avec lequel il attaqua les vices de la cour, en prêchant devant elle le jour de l'Ascension, en 1405. Mais, quoiqu'il parlât sans ménagement, il ne donna point à entendre qu'il soupçonnât la reine de galanterie. « Je voudrois bien, grande reine, lui dit-il, que mon devoir s'accordât avec la passion que j'aurois de ne rien débiter ici qui ne vous fût

---

(1) *Histoire de Charles VI*, par JUVÉNAL DES URSINS, p. 336.

agréable; mais votre salut m'est plus cher que vos bonnes grâces; et quand même je devrois tomber dans le malheur de vous déplaire, il m'est impossible de ne pas déclamer contre l'empire que la déesse de la mollesse et des voluptés a établi dans votre cour. Elle a pour ses suivantes inséparables la bonne chère et la crapule, qui font le jour de la nuit, qu'on passe en danses dissolues. Et ces deux pestes de la vertu ne corrompent pas seulement les mœurs, elles énervent les forces de plusieurs personnes; elles retiennent dans une honteuse oisiveté des chevaliers et des écuyers efféminés, et leur font même craindre les combats, que peut-être ils rechercheroient si la gloire n'en étoit prescrite, ou s'ils ne craignoient d'y recevoir des plaies qui les défigurassent. »—Passant de là au luxe des habits, qui était la principale passion de la reine, après l'avoir condamnée par mille bonnes raisons: « Votre cour, ajouta-t-il, madame, n'est que trop convaincue de ce désordre, comme de plusieurs autres; et, si vous ne me voulez croire, prenez l'habit d'une pauvre femme, promenez-vous par la ville, et vous verrez que c'est l'entretien de la plupart des compagnies (1). »

Le religieux de Saint-Denis, auquel nous empruntons ces fragmens de discours, quoique pesant et prolixe, est le meilleur de beaucoup des historiens de cette époque : sans lui, nous aurions souvent peine à comprendre le récit fatigant et confus de Monstrelet. La traduction qu'en a donnée le P. le Laboureur, en deux volumes in-folio, 1663, commence à devenir fort rare; d'ailleurs, elle est incomplète, et ne contient pas les dernières années, qui sont demeurées en manuscrit. Il nous semble que M. Buchon rendrait un grand service aux lettres en la comprenant dans sa collection. Nous n'en dirons point autant de la *Chronique de Jean Juvénal des Ursins*. Cet archevêque de Reims n'a eu d'autre but, en écrivant, que d'insérer toutes les petites anecdotes qui pouvaient être honorables pour son père,

____

(1) *Religieux de Saint-Denis*, l. xxv, t. ii, pag. 515.

le prévôt des marchands de même nom que lui, dans l'extrait qu'il faisait assez maladroitement de la Chronique du religieux de Saint-Denis. Au reste, que M. Buchon juge par lui-même des ouvrages qui pourront encore entrer dans sa précieuse collection. Il a déjà fait preuve, dans cette entreprise, de tant d'érudition et de tant de critique, qu'on peut s'en reposer sur lui avec confiance du soin de reproduire tout ce qui peut être le plus vraiment utile à l'histoire nationale.

J.-C.-L. DE SISMONDI.

PARIS. — DE L'IMPRIMERIE DE RIGNOUX,
rue des Francs-Bourgeois-S.-Michel, n° 8.

B BLIOTHÈQUE NATIONALE DE FRANCE
3 7531 00731109 6